BEI GRIN MACHT SICH IHR WISSEN BEZAHLT

Robert Lachner

Informelles Lernen aus berufspädagogischer Sicht

GRIN Verlag

Bibliografische Information der Deutschen Nationalbibliothek:

Die Deutsche Bibliothek verzeichnet diese Publikation in der Deutschen National-
bibliografie; detaillierte bibliografische Daten sind im Internet über http://dnb.d-
nb.de/ abrufbar.

Impressum:

Copyright © 2005 GRIN Verlag GmbH
Druck und Bindung: Books on Demand GmbH, Norderstedt Germany
ISBN: 978-3-638-86091-8

Dieses Buch bei GRIN:

http://www.grin.com/de/e-book/79241/informelles-lernen-aus-berufspaedagogischer-
sicht

GRIN - Your knowledge has value

Der GRIN Verlag publiziert seit 1998 wissenschaftliche Arbeiten von Studenten, Hochschullehrern und anderen Akademikern als eBook und gedrucktes Buch. Die Verlagswebsite www.grin.com ist die ideale Plattform zur Veröffentlichung von Hausarbeiten, Abschlussarbeiten, wissenschaftlichen Aufsätzen, Dissertationen und Fachbüchern.

Besuchen Sie uns im Internet:

http://www.grin.com/

http://www.facebook.com/grincom

http://www.twitter.com/grin_com

Universität Dortmund

Hauptseminar: Stand und Perspektiven

betrieblicher Weiterbildung

Sommersemester 2005

Informelles Lernen aus berufspädagogischer Sicht

- Schriftliche Ausarbeitung der Seminargestaltung -

Robert Lachner

Studiengang:

Diplom-Erziehungswissenschaft

8. Semester

Abgabe: 30.09.2005

Inhaltsverzeichnis

I. Einleitung

Bei der vorliegenden Arbeit handelt es sich um die schriftliche Ausarbeitung der am 16.06.2005 gehaltenen Seminargestaltung „Informelles Lernen aus berufspädagogischer Sicht", die im Rahmen des Hauptseminars „Stand und Perspektiven betrieblicher Weiterbildung" stattfand.

In der ersten Hälfte der Seminargestaltung erörterte Monika Sawicki den theoretischen Hintergrund des informellen Lernens anhand seines historischen Abrisses, seiner Begriffsbestimmung und seines Nutzens. Der im Folgenden ausformulierte zweite Teil der Seminargestaltung befolgt weitestgehend ihre Chronologie und vermittelten Inhalte, und knüpft deshalb nahtlos an die bereits im ersten Teil erarbeiteten Ergebnisse an.

Im aktuellen Diskurs um das informelle Lernen herrscht der Konsens, dass informelles Lernen ohne pädagogische Arrangements riskiert, zufällig und situativ zu bleiben. Daher ist eine umfassende berufliche Kompetenzentwicklung nur durch Verknüpfung von informellem Lernen mit organisiertem Lernen innerhalb und außerhalb von Unternehmungen einzulösen.[1] Weil das informelle Lernen gerade Pädagogen mit neuen Anforderungen und Herausforderungen konfrontiert, auf die sie reagieren müssen, soll zunächst skizziert werden, wie Bildungsinstitutionen zur Förderung des informellen Lernens beitragen können. Es soll dabei verdeutlicht werden, dass es bei der Unterstützung des informellen Lernens um eine behutsame Entwicklungshilfe geht, die dem eher planlosen ad-hoc-Lernen ermöglicht, sich zu einem etwas zusammenhängenderen Lernen, und damit nachhaltigeren Fundament für das lebenslange Lernen aller zu entwickeln.

---

[1] Vgl. DEHNBOSTEL, Peter: Lernen im Betrieb – informell, lebensbegleitend und persönlichkeitsbildend? In: http://www.forum-bildung.de/templates_text/imfokus_print.php?artid=49, zuletzt aufgerufen am 21.09.2005.

Im Zuge dieser Tendenzen verändert sich auch zunehmend das Berufsbild bzw. die Berufsrolle der Lehrenden. Vor dem Hintergrund, dass die Seminargestaltung im Rahmen eines Hauptseminars für Studierende des Diplomstudienganges Erziehungswissenschaft stattfand, soll dann erörtert werden, welche neuen Kompetenzen das informelle Lernen für die veränderte Dozentenrolle mit sich bringt.

Anhand eines Fallbeispiels aus der IT-Branche soll im vierten und letzten Teil der Ausarbeitung aufgezeigt werden, wie informelles Lernen bislang durch Betriebe unterstützt wird.

II. Förderung des informellen Lernens durch Bildungsinstitutionen

„Wenn aber die stolze Flotte der Bildungsträger und die immer größer werdende Armada der lernenden Unternehmen nicht stärker auf die gewaltigen Eisberge achten, die da in Gestalt des informellen Lernens auf sie zukommen, kann es einem Teil von ihnen wie der Titanic gehen, die längst auf dem Meeresboden ruht" (David W. LIVINGSTONE 1999, zit. n. DOHMEN 2001, S. 7).

Das planmäßige und organisierte Lernen in Bildungsinstitutionen wird meistens von Lehrern, Dozenten, Tutoren etc. angeleitet und findet meist auch in einem Gruppenkontakt in besonderen auf das Lernen konzentrierten Institutionen statt.

Bislang fehlt jedoch dem informellen Lernen in der außerschulischen Lebens-, Beruf- und Medienwelt eine entsprechende Unterstützung. Eine zwar hilfreiche, dennoch unzureichende Unterstützung des informellen Lernens wäre es aber, den Lernenden lediglich die Zugänge zu den organisierten Lernveranstaltungen der Bildungsinstitutionen zu erleichtern. Gerade die direkte Erfahrungs- und Lebensnähe des informellen Lernens macht jüngsten Untersuchungen zufolge das Lernen interessanter als ein organisiertes Lernen. Gleichzeitig macht das informelle Lernen über 70% des Lernens aus. Als Konsequenz ergibt sich die wichtige und schwierige Fragestellung, wie dieses scheinbar interessantere Lernen so unterstützt werden kann, dass es nicht pädagogisiert oder verschult wird und damit seine Attraktivität behält.

Da das informelle Lernen gekennzeichnet ist durch ständig wechselnde Aufgaben und Anforderungen in sehr unterschiedlichen Lebens- und Tätigkeitszusammenhängen, müssen die zur Problembewältigung notwendigen Lernhilfen und Informationen so direkt wie möglich in den Anforderungssituationen verfügbar gemacht werden, in denen die lernende Auseinandersetzung stattfindet.

Ein flexibles Lernen verbessert dabei in den verschiedenen Situationen und Kontexten die Transfermöglichkeiten für erworbenes Können und Wissen. Um das zu erreichen, muss das

Bezugsfeld des informellen Lernens, die Arbeits- und Lebenswelt, gezielter erschlossen werden als eine lernfördernde Umwelt. Vor diesem Hintergrund müssen sich auch die Bildungsinstitutionen für die außerschulische Umwelt öffnen und dabei helfen, sie stärker zu einem motivierenden und unterstützenden Lernfeld zu machen. Auf didaktischer Ebene kann dies z.b. durch eine Wendung zu einem erkundenden, explorierenden und recherchierenden Lernen in der unmittelbar erfahrbaren Umwelt und ein bewusstes Aufgreifen, Erschließen und Weiterführen des in die Auseinandersetzung mit dem jeweiligen Lebens- und Arbeitsumfeld verwobenen lebenslangen Lernen bedeuten. Zugleich benötigt das informelle Lernen auch einen gezielteren Lernunterstützungs- und Beratungsservice. Diese Lernhilfen können in der Regel auf Grund ihres Umfangs nicht von einer einzigen Bildungsinstitution geleistet werden, weshalb die Entwicklung von überörtlichen Lernnetzwerken notwendig ist.

In den offenen Lernnetzwerken können das Wissen und die Kompetenzen aus vielen Bildungseinrichtungen, Firmen, Expertengruppen, Datenbanken etc. zusammengeführt, geordnet und gespeichert werden. Für den Aufbau solcher Netzwerke ist eine intelligente Nutzung der neuen Informations- und Kommunikationstechnologien hilfreich. Um das direkte situationsbezogene Abrufen jeweils spezifischer Lernhilfen aus diesen Netzwerken zu ermöglichen, sind Websites der Bildungsinstitutionen mit ihren Kursangeboten nicht hinreichend. Vielmehr sind themen- und problembezogene Lernmodule erforderlich, die von den Lernenden selbst jeweils nach ihren aktuellen Bedürfnissen und Voraussetzungen ausgewählt und kombiniert werden können.

Für das Funktionieren der Netzwerke sind v.a. drei Voraussetzungen notwendig: Es müssen erstens transparente und benutzerfreundliche Organisations-, Strukturierungs- und Präsentationsformen für ein vielfältiges modulares Lernnetzwerk entwickelt werden. Zweitens müssen sich die Lernenden die nötigen PC-Zugänge und eine sichere Medienkompetenz erarbeiten. Schließlich müssen auch örtliche institutionalisierte Service-Stützpunkte zur Unterstützung des informellen Lernens aufgearbeitet und flexibel ausgestaltet werden:

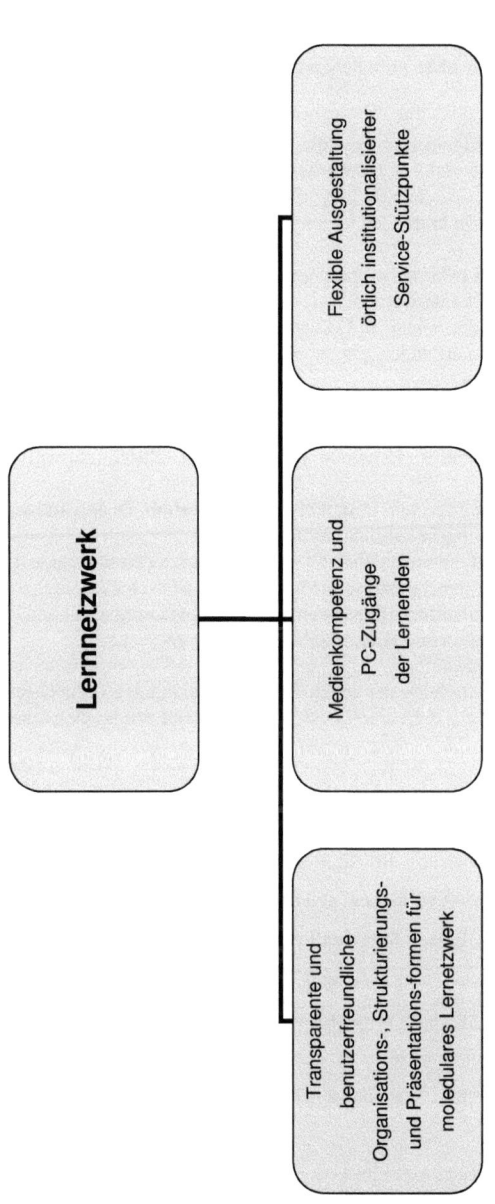

Abb. 1: Lernvoraussetzungen funktioneller offener Lernnetzwerke.
Quelle: Eigene Darstellung nach DOHMEN 2001, S. 138.

Im Rahmen der notwendigen Förderung des informellen Lernens kommen auf die Bildungs- und Weiterbildungsinstitutionen neue grundlegende und beratend-unterstützende Aufgaben zu. Dies sind besonders:

1. Die Vermittlung eines allgemeinen Grundlagen-, Orientierungs- und Ordnungswissens. Daran sollte sich das offene Weiterlernen anschließen und darin grob einordnen können. Gleichzeitig muss damit gerechnet werden, dass sich dieses Wissen aber auch selbst in laufenden lernenden Auseinandersetzungen immer wieder verändert.
2. Die Ergebnisse früheren informellen Lernens sollte durch lernwegunabhängige Kompetenzprüfung anerkannt werden.[2]
3. Mehr Hinausgehen aus der Schule zu Erkundungen der unmittelbaren Umwelt; gleichzeitig Einüben von erkundendem, erschließendem, explorierenden und recherchierendem Lernen.
4. Mehr praktisches Lernen an konkreten Fällen, Projekten, Aufgaben, Lebenssituationen, (inkl. Präsentationen durch Medien).
5. Das Einüben vom kooperativen Lernen in mehr und mehr selbstverantwortlicheren Lernteams.
6. Mehr Einbeziehung von Experten, Praktikern für Information, Diskussion und Beratung in problemlösungsbezogenen Lernprozessen.
7. Das Vertrautmachen mit einem zunehmend mehr selbstgesteuerten Lernen, bei welchem die Lernenden zunehmend selbst Informationen beschaffen, recherchieren, sammeln, argumentieren, ordnen, präsentieren und stringent aufgaben- und zielbezogen die Materialien und Hilfsmittel für eine angemessene Wissenskonstruktion auswählen.
8. Die systematische Einbeziehung der neuen Technologien in allen Lernphasen
9. Die Entwicklung von mehr individuell maßgeschneiderten Lernmöglichkeiten, z.B. durch „Lernverträge".
10. Die Motivierung für freiwilliges Weiterlernen durch eigene Einsicht und Initiative und aus Freude am sinnvollen Lernen.

Die Motivierung ist besonders wichtig für die Realisierung des lebenslangen Lernens und macht die Abkehr von überfüllten Lehrplänen, und damit von der Lernfrustration notwendig.

Die Vermittlung eines Wissens, dessen Sinn den Lernenden nicht plausibel gemacht werden kann, hat meist die Folge, dass Neugierde und Freude erstickt werden und damit ein freiwilliges Weiterlernen verunmöglicht werden kann.

Deshalb ist es bedeutsam, einen nicht motivationstötenden Ausgleich zwischen einem planmäßig-grundlegenden, mehr systematischen Vorweglernen und einem mehr

---

[2] Eine Auseinadersetzung mit dem Problem der Zertifizierung informeller Lernerfolge liefern die Beiträge bei STRAKA, Gerald A. (Hrsg.): Zertifizierung non-formell und informell erworbener beruflicher Kompetenzen. Münster: Waxmann 2003.

interessensbezogenen ad-hoc-Lernen in plausiblen Lernanforderungssituationen auszubalancieren. Um das Ausbalancieren und Akzentuieren des Lernens zu erleichtern und zu unterstützen, ist ein professionelles Engagement für die Entwicklung spezifischer Stützfaktoren und Rahmenbedingungen notwendig. Eine besondere Bedeutung bekommen hierbei folgende Aspekte:

1. Die Aufnahme und Bündelung artikulierter Lernbedürfnisse für die Erarbeitung entsprechender Lernmaterialien, Lernmodule und Lernarrangements.

2. Die Entwicklung einer Vielfalt von themen-, situations-, fallbezogenen Informationsmaterialien, exemplarischen Lernanregungs- und Lernhilfe-Modulen sowie die Bereitstellung modularer Lernhilfen mit alternativen Kombinationsbeispielen und „Bauplänen" zur Unterstützung eines selbstgesteuerten Lernens nach individuellen Lernvoraussetzungen und Lernvorstellungen – auch in Zusammenarbeit mit pädagogischen Verlagen.

3. Die Mitwirkung beim Aufbau einer umfassenden Beratungshilfe, z.B. zur Artikulation persönlicher Lerninteressen und Lernvoraussetzungen, zur selbstgesteuerten Nutzung von Lernangeboten für überfachliche Problemlösungen durch die Lerner/innen, oder zur Erschließung des Know-how in der gesamten Bevölkerung für partnerschaftliche Unterstützungen informeller Lernprozesse (z.B. Expertenservice, Lernpartnervermittlungen, Wissensbörsen etc.).

Dabei wird es kaum möglich sein, das gesamte Know-how personell in einer Beratungsstelle zu bündeln. Daher sollte sich jedes Beratungsstudio einen Kreis von Experten aus verschiedensten Bereichen erschließen, die regional oder virtuell in den Beratungsprozess mit einbezogen werden können. Weiter sollen die Bildungsinstitutionen darauf achten, dass günstige gesellschaftliche Rahmenbedingungen für das informelle Lernen eruiert, selektiert und propagiert werden.

Dazu können sie starre Regulierungen, Bedingungen, Rechts-, Prüfungs-, Studien- und Dienstvorschriften enthärten. Dies könnte einen Beitrag zur Schaffung eines motivierenden Klimas und für mehr Selbstlernen leisten. Im Rahmen einer neuen bürgerschaftlichen Lerngesellschaft und Lernkultur sollte die Entwicklung von Lernberatungsstudios, Lernagenturen, Internet-Cafés, Lernläden, Fremdsprachenbistros, virtueller Akademien und offene Lernservicezentren gefördert werden. Zugleich sollten besondere Fördermittel für die Ermöglichung und Unterstützung der Übernahme umfassenderer Serviceaufgaben für das informelle Lernen bereitgestellt werden (vgl. DOHMEN 2001, S. 134-161).

III. Neue Kompetenzen der Lehrenden

Die mit dem informellen Lernen einhergehenden neuen Anforderungen und zusätzlichen Aufgaben für die Bildungsinstitutionen bedeuten auch eine Veränderung der Lehrer- bzw. Dozentenrolle und Lehrkräfteaus- und -fortbildung. Das führt zu einer Ausrichtung auf neue Berufsbilder, wie z.b. des Lernberaters, Informationslotsen, Wissensnavigators, Kommunikationsmoderators, Motivationspsychologen, Lernermöglichungsmanagers etc.

Eine zentrale Kompetenz für professionelle Unterstützungen des informellen Lernens ist die didaktische Sensibilität, Phantasie und Kreativität, um

1. die akuten Lernbedürfnisse, Lerninteressen, Lernschwierigkeiten der Menschen in ihrer Lebens-, Arbeits- und Medienwelt aufzuspüren,
2. die Betroffenen zur Artikulation ihrer Lebensbedürfnisse und Lernprobleme zu ermutigen und sie dabei zu unterstützen,
3. dafür zu sorgen, dass Lücken zwischen unzusammenhängend-bedarfsbezogenen Modulen durch die Entwicklung von Verbindungs- bzw. Brückenmodulen gefüllt werden,
4. für akute Lernbedürfnisse jeweils angemessene Lernhilfen, Service-Module etc. zu finden bzw. zu entwickeln – incl. Anregungen, Informationen und Hinweisen auf einschlägige Materialien, Hilfen, Experten, Partner etc.,
5. auf Zusammenhänge, Verbindungen und einschlägige Orientierungssysteme aufmerksam zu machen,
6. die Bausteine jeweils für eine offene Intranet-Diskussion zu öffnen und ihre laufende Weiterentwicklung kritisch zu verfolgen,
7. Anregungen „draußen" zu arrangieren (z.b. beim Vorbeigehen an Lernläden, Lerninseln, Sprachcafés etc.),
8. vielfältige Lernanstöße und Motivationserlebnisse zu inszenieren,
9. selbst kreativ mitzuwirken beim Ausbau von offenen „Bürgerhäusern des Lernens", Lernateliers, Lernservicezentren etc. zur Unterstützung einer selbstgesteuerten Modellierung von Lernprozessen/Lernprojekten,
10. durch Konfrontation mit alternativen Denkanstößen und innovativen Best-practice-Beispielen Gewohnheiten und Vorurteile zu erschüttern und Neugier, Interesse und Offenheit für das Kennenlernen und lernende Auseinandersetzung mit Neuem zu wecken, und
11. Lernmöglichkeiten in der gesamten Gesellschaft konstruktiv zu erschließen und eine neue Lernkultur mitzuentwickeln und mitzutragen.

Für die Schulen, Hochschulen und Weiterbildungseinrichtungen bedeutet solch eine Unterstützung des informellen Lernens in allen Lebens- und Gesellschaftsbereichen eine sehr starke Ausweitung ihres Aufgabenfeldes.

Das planmäßig-systematische Lernen sollte dabei ein stabiles Grundgerüst für die gesamten weit über dieses formale Lernen hinausführenden Lernaktivitäten der Menschen sein, muss sich aber insgesamt in einer veränderten Lerngesellschaft neu positionieren (vgl. DOHMEN 2001).

Klar ist, dass ein Lernen ohne Lehrende existiert. Aber ebenso unleugbar ist, dass informelle Lernprozesse von einer Beteiligung durch professionelles Personal profitieren können: „Dass Lernende sich auf einen informellen Lernprozess einlassen, kann bekanntlich verschiedenste Gründe haben, und der ausdrückliche Wunsch, ohne professionelle Unterstützung zu lernen, ist sicher nur einer davon" (ARNOLD/PÄTZOLD 2003, S. 118). In ihrer systemischen Herangehensweise machen Arnold und Pätzold deutlich, welche Kernkompetenzen Lehrende benötigen, um informelle Lernprozesse durch eine Ermöglichungsdidaktik fördern zu können (siehe Abb. 2).

In der systemischen Sichtweise wird der Lehrende zum Teil des Systems, in das er interveniert, ohne eine größere Distanz oder höhere Warte als die Lernenden für sich beanspruchen zu können. Dadurch wird der Lehrende nicht versuchen, komplexe systemische Phänomene durch das Verhalten einzelner zu erklären, sondern sie in den Gesamtzusammenhang des Systems stellen. Eine professionelle pädagogische Beobachtung darf daher nicht davon ausgehen, dass es so etwas wie Einzelhandlungen gibt.

Zur Rolle einer Ermöglichers gehört dabei Irrtumsoffenheit, nämlich das Wissen, dass das eigene Verständnis der Vorgänge von der Persönlichkeit abhängig und damit möglicherweise Irrtümern unterworfen ist. Die Professionalität besteht dabei nicht darin, diese Irrtümer möglichst früh aufzudecken oder zu vermeiden, sondern die vorkommenden Unterschiede aushalten zu können. Die Lernenden sollte auch bei der Implementierung ihrer Lernprozesse unterstützt werden, was bedeutet, dass ihnen bei der Entwicklung von Methoden geholfen werden sollte, mit denen sie selbst weiter lernen können. Dies kann einerseits dadurch ermöglicht werden, dass der Lehrende den Raum schafft, in welchem Methoden durch die

Lernenden angewandt werden können. Andererseits können Lehrende eine hilfreiche Funktion darin finden, dass sie gezielt Methoden vermitteln, mit denen die Selbsterschließung leichter wird. Weil in informellen Lernprozessen die zu behandelnden Inhalte nicht über standardisierte Curricula festgelegt werden, kann der „Lernberater" als Teil des Systems nicht das gleiche Maß an Überblick beanspruchen, was ihm traditionelle Lernarrangements evtl. bieten. Daher sollte der Lehrende die Dynamik erkennen, die sich auf Grund von Unsicherheit immer wieder ergeben können, und damit nicht nur die Ergebnisse berücksichtigen. Denn ermöglichungsdidaktisches Lehren bedeutet, Ergebnisse zuzulassen, wie sie sich gerade einstellen. Wüssten die Beteiligten von Anfang an schon um die richtigen Lösungen für ihre Problematik, handelte es sich auch kaum um einen wirklichen Lernprozess. Daher erfolgt Lernen in dieser Weise nicht durch einen standardisierten Lösungsweg, sondern erlaubt verschiedenste Wege zu verschiedenen Zielen in einem offenen Lernarrangement. Einen Königsweg kann es daher also nicht geben, denn der jeweilige Weg hängt nicht vom Lehrenden oder der Lernproblematik, sondern vom Individuum, d.h. vom Lernenden ab, das den Weg geht, und von seinem Platz im System. Der Lehrende ist also vielmehr ein „Lernbegleiter" oder „Lernberater", der die Lernenden unterstützt, Wege mitgeht, um dabei auch selbst auf Neues zu stoßen. Schließlich ist es erst möglich, im Lernprozess unterschiedliche Meinungen nebeneinander stehen zu lassen und auch aus Unsicherheiten eine Dynamik für die Weiterentwicklung zu schöpfen, wenn sowohl die Vorgänge als auch deren Beobachtung reflektiert werden (vgl. ARNOLD/PÄTZOLD 2003, S. 107-126).

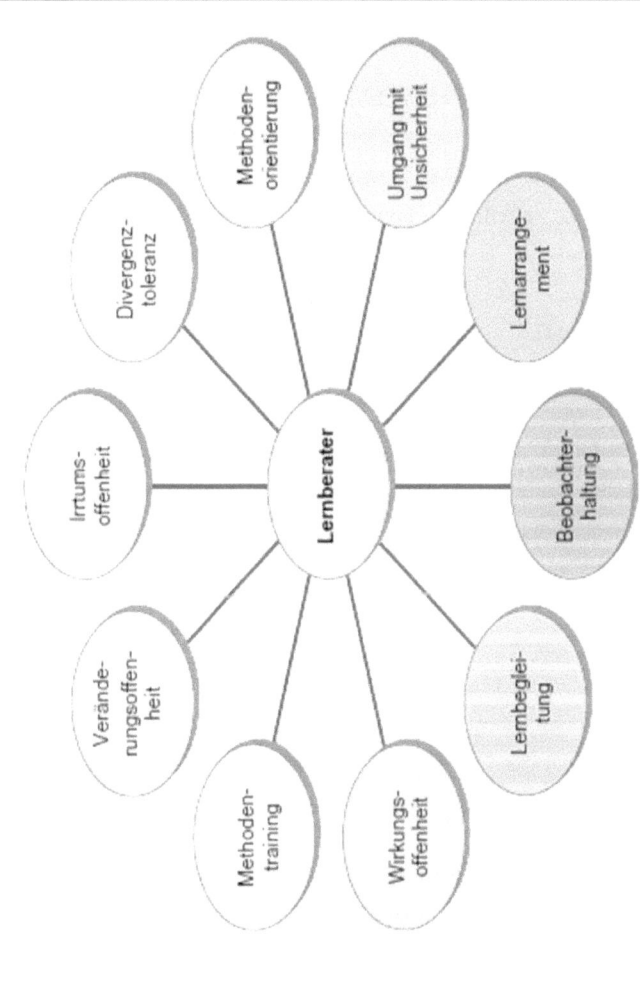

Abb. 2: Kompetenzen der Lehrenden
Quelle: Eigene Darstellung nach ARNOLD/PÄTZOLD 2003, S. 122.

IV. Informelles Lernen und die betriebliche Gestaltung von Lernorganisationsformen– ein Fallbeispiel aus der IT-Branche

Nun soll anhand eines Fallbeispiels verdeutlicht werden, welche Ausprägungen informelles Lernen bislang in der Praxis besitzt.

Die Prämisse der Studie von Gabriele Molzberger ist die Komplementarität der Lernarten und die Unabschließbarkeit des Prozesses der Kompetenzentwicklung. Im ersten Teil der Seminargestaltung wurde bereits der für diese Studie relevante theoretische Rahmen gesetzt: Informelles Lernen ist in reflexives Lernen (Erfahrungslernen) und implizites Lernen (Handlungslernen) unterteilt. In ihrem Zusammenwirken entsteht Erfahrungswissen, das zusammen mit einem systematisch-theoretischen Wissen (formelles Lernen) die Voraussetzung zur Entwicklung beruflicher Handlungskompetenz bzw. reflexiver Handlungsfähigkeit führt (vgl. MOLZBERGER 2004, S. 88).

Das Ziel der Studie ist es, die Erscheinungsformen des informellen Lernens in der empirischen Realität zu erfassen. Dabei bilden zwei Untersuchungsgegenstände den empirischen Rahmen: zum einen gibt es eine Fragebogenerhebung unter 500 Kleinst-, Klein- und mittleren Unternehmen der IT-Branche in der Region Berlin/Brandenburg. Zum anderen werden Daten aus drei Betriebsfallstudien erhoben, welche den Kern der Studie ausmachen. Informelles Lernen wurde in den Interviews von den Befragten als Lernen innerhalb ihrer alltäglichen Arbeitshandlung beschrieben. Der Erkenntnisraum der Studie liegt somit auf dem bewussten Erfahrungslernen. Zunächst werden die Charakteristika der drei Fallbetriebe beschrieben, bevor dann das Lernverhalten der Mitarbeiter sowie die Lernorganisationsformen untersucht und ausgewertet werden.

Betrieb A wurde im Jahre 1991 im Gründungsboom der IT-Branche durch drei Informatik-Studenten gegründet und beschäftigt 16 Mitarbeiter. Die betrieblichen Strukturen haben sich aus der Praxis entwickelt. Das Geschäftsfeld umfasst ganzheitliche IT-Dienstleistungen einschließlich Netzwerkadministration und Web-Design, was eine breite Produktpalette und hohe Interdisziplinarität des Teams mit sich bringt.

Eine Hierarchie ist kaum erkennbar, aber es besteht eine informelle, an Aufgaben orientierte Organisationsform. Von den Mitarbeitern sind die meisten Quer- bzw. Seiteneinsteiger und haben eine Hochschulausbildung im Fach Informatik durchlaufen. Fallbetrieb B ist ebenfalls ein Kleinunternehmen, das 12 Mitarbeiter beschäftigt. Es wurde Ende der 1980er Jahre durch zwei Anästhesisten gegründet. Das Geschäftsfeld liegt im Bereich der Kliniksoftware. Das Unternehmen ist an eine übergeordnete Gesellschaft gebunden und kann sich damit nicht auf dem freien Markt um Kunden bemühen. Die Kompetenzanforderung der Mitarbeiter befindet sich im Schnittstellenbereich zwischen Informatik, Medizin und Verwaltung. So finden sich in diesem Betrieb viele Mitarbeiter mit Doppel- und teilweise Dreifachqualifikation auf Hochschulniveau.

Beim Fallbetrieb C handelt es sich um einen Mittelbetrieb mit etwa 70 Beschäftigten. Ähnlich wie Betrieb A, wurde das Unternehmen als Alternativbetrieb, jedoch schon 1983 gegründet. Es unterscheidet sich von Fallbetrieb A und B in der Hinsicht, dass die Organisations- und Personalentwicklung durch zwei halbe Stellen im Unternehmen erfolgt und die formale Weiterbildung und Zertifizierung der Beschäftigung in Zusammenarbeit mit den Produktherstellern geleistet wird.

Die drei vorgestellten Betriebe organisieren ihre Arbeitsaufgaben meistens in Projekten, wie es für die IT-Branche üblich ist. In diesen Projekten, die stets neue Situationen schaffen, werden neue Erfahrungen in Routinehandlungen der Mitarbeiter integriert. Neben diesen Lernzuwächsen entsteht durch Austausch mit Kollegen häufig ein Wissenszuwachs. In der Interaktion und Kommunikation können dabei Reflexionen angeregt und Wissen sichtbar gemacht werden. Auf das Internet wird bei der Problemsuche eher selten zurückgegriffen. Zur Lösungsfindungsstrategie gehört das Trennen des Wichtigen von Unwichtigem ebenso wie das Trial and Error, also der Ausschluss durch Versuch und Irrtum. Diese Schritte werden dann schriftlich in Projektdokumentationen aufbewahrt. Die Dokumentationen dienen dann als Arbeits- und Lernmittel zugleich. Die Mitarbeiter der Betriebe stehen also immer wieder vor neuen Lernbedarfen, die sie teils beiläufig und teils bewusst als solche wahrnehmen. Die Fallbetriebe haben deshalb über die Projektform der Arbeit hinaus in unterschiedlichem Ausmaß Wege der Gestaltung der Arbeit nach ihrer Lernförderlichkeit und eigene Lernformen entwickelt, die an das Erfahrungslernen der Mitarbeiter anknüpfen.

Die sich aus den Lernanforderungen ergebenen organisationalen Erfordernisse stellen die Unternehmen aber vor große Herausforderungen, weil der Umgang mit dem Lernen und der Weiterbildung von Leitformeln getragen ist wie: „Aus der Not eine Tugend machen". Ebenso sind die Betriebe bemüht, den kommunikativen Austausch über Arbeitsprozesse und –abläufe systematisch im Sinne eines Erzielens von Lernzuwächsen zu unterstützen. Es entstehen eigene Lernorganisationsformen, von denen einige nun kurz skizziert werden.

Fallbetrieb C errichtete eine eigene Lernorganisationsform durch so genannte Fachgruppen. In den Fachgruppen treffen sich bereichsübergreifend die Beschäftigten, die an ausgewählten Themen arbeiten. Die Teilhabe an den Fachgruppen gilt als Auszeichnung unter den Mitarbeitern, weil in den Fachgruppen das Firmen-Know-how weiterentwickelt wird. Die Arbeit wird dabei durch eine Leiter strukturiert, wobei auch die Geschäftsführung Themen in die monatliche Treffen mit einbringt. Die Leiter tauschen sich regelmäßig untereinander aus und bilden die Leitungsebene im technischen Bereich. Gleichzeitig werden den Mitarbeitern durch eine mögliche Teilhabe an den Fachgruppen Aufstiegs- und Weiterentwicklungschancen aufgezeigt.

Fallbetrieb A erprobt den Aufbau eines Modellcomputersystems, um die Installation eines Betriebssystems spielerisch durch Simulationen zu üben. Dies ist zwar kostenaufwendig, wird aber als erfolgsversprechender eingeschätzt als formale Wochenendseminare, da es mehr Raum für lernende Problemhandlungen gibt.

Fallbetrieb C führte als weiteres Instrument zum Umgang mit wechselnden Anforderungen ein spezielles E-Mail-Konto ein, als eine Art Dokumentation für die Softwareentwickler. Bei allen Betrieben geht es folglich v.a. um die Unterstützung der Lernprozesse, und nicht um das Management des Produktes Wissen. Die Ausprägungen des internen Workshops reichen von beiläufigem Treffen bis hin zu „Schulungen" über mehrere Tage, das Erlernte von direkter Anwendung bis zu Hintergrundwissen. In allen Formen des Lernens wird ein definierter Lernraum geschaffen, der von akuten Arbeitserfordernissen entlastet ist und in dem Expertenwissen dargeboten wird.

In den Betrieben wurde der Versuch unternommen, durch betriebliche Lernorganisationsformen das formelle Lernen mit dem informellen zu integrieren. Eine dichotome Gegenüberstellung von formellem Lernen in Bildungsinstitutionen und informellem Lernen bei der Arbeit erweist sich allerdings als nicht haltbar. Obwohl starke Bemühungen zur Unterstützung des informellen Lernens erkennbar sind, werden weder formelles Lernen noch formale Qualifizierungen keinesfalls hinfällig. Daher haben arbeitsprozessintegrierte Wege der Qualifizierung zum Ziel, aktuelle Arbeitsanforderungen als nachhaltigen Prozess der Kompetenzentwicklung zur Bewältigung zukünftiger Aufgaben zu gestalten (vgl. MOLZBERGER 2004, S. 86-96).

V. Literaturverzeichnis

ARNOLD, Rolf/PÄTZOLD, Henning: Lernen ohne Lehren. In: WITTWER, Wolfgang/ KIRCHHOF, Steffen (Hrsg.): Informelles Lernen und Weiterbildung. Neue Wege zur Kompetenzentwicklung. München: Luchterhand 2003. S. 107-123.

DEHNBOSTEL, Peter: Lernen im Betrieb – informell, lebensbegleitend und persönlichkeitsbildend? In: www.forum-bildung.de/templates_text/imfokus_print.php?artid=49, zuletzt aufgerufen am 21.09.2005.

DOHMEN, Günther: Das informelle Lernen. Die internationale Erschließung einer bisher vernachlässigten Grundform menschlichen Lernens für das lebenslange Lernen aller. In: Bundesministerium für Bildung und Forschung (BMBF) (Hrsg.): Bonn 2001, S.134-161.

MOLZBERGER, Gabriele: Informelles Lernen und die betriebliche Gestaltung von Lernorganisationsformen. In: PÄTZOLD, Günter/DEHNBOSTEL, Peter (Hrsg.): Zeitschrift für Berufs- und Wirtschaftspädagogik (ZBW): Innovationen und Tendenzen der betrieblichen Berufsbildung. Heft 18. Stuttgart: Steiner 2004. S. 86-96.

WITTWER, Wolfgang/KIRCHHOF, Steffen (Hrsg.): Informelles Lernen und Weiterbildung. Neue Wege zur Kompetenzentwicklung. München: Luchterhand 2003. S. 5-7.